Things I have not yet said

Chava Zimron

Poems

Chava Zimron, Teacher of Yoga, Poet, Sculptress.
This is her second book of poems.
Her works appear in anthologies
of poets and authors in Israel and in various periodicals.

Margaret Myers, Chemist, Professor in
Systems Engineering (retired), Translator.
Among her books are:
These things I remember (the diary of Eliezer Mordechai Altshuler of Suwalki 1840-1920) translated from the original Hebrew
and in collaboration with Agnes Kaposi
Systems, Models and Measures
Systems for All
A First Systems Book

Dedicated in love to my great-grandaughter Alina and
my great grandson Matan.

and

to my friend Margaret Myers
whose perseverance led to this publication.

First published 2010 by
lulu.com
Text Compiled with Mellel
isbn 978-1-4457-1683-1

Contents

Yoga   **138**

   Yoga - My Friend   136

   Tranqillity   134

   Harvest   132

   To Shed   130

   Strings Abandoned   128

   An Unmade Jigsaw   126

Ones Both Near and Far
                                              124

   A Precious Gem   122

   Oded   120

   The Forsaken Seesaw1118

   Growing Old together
                                              116

   To Speak with no Words
                                              114

   As a Poor Man at the Gate
                                              112

   Foreign Fields   110

   The Core   108

   A Moment of yourTime106

   An Unreformed Mother104

   Your Image   102

   Mound of Earth   100

   Be my Sister   98

   My Little Sister   96

Feelings   94

   Thank You   92

   A Ruined Nest   90

   Life   88

   Octopus   86

   A Plea   84

   Enrolled in a Fool's
      Paradise   82

   Sabbath delight   80

   Black Holes   78

   Masks   76

   Fleur d'Orlain   74

   Rejected and Forgotten   72

   Just like Young Girls   70

   A Town Familiar   68

   On the Brink   66

   Songs of Old   64

Time is Cruel   **62**

   Trees Dead but Upright   **60**

   Home   **58**

   A Pretty Pair   **56**

   Ballad to a Stove   **54**

   Light   **52**

   The Tree as Metaphor   **50**

   A Frozen Drop of Time   **48**

Memories 46

Life's Pleasures 44

At Eighty 42

Old Age 40

Pot Pourri **38**

Stone 36

As a One-year Old 34

Homeland 32

The Commentator 30

Words Stifle **28**

Present Day Wonders 26

Motel 24

Evolution of the Letter 22

Virtual Reality 20

An Engineered Orange 18

Great Grand-children **16**

Matan Great-grandson 14

Alina Great-grandaughter 12

Great Grandchildren 10

Yoga

יוֹגָה בַּת-בְּרִיתִי

בַּת בְּרִית נֶאֱמָנָה
לַמְרוֹת גִּילֵךְ כְּמִתוּשֶׁלַח,
הָחִיוּת שֶׁאַתְּ מְפִיחָה הִיא
כְּמוֹ נִיצָן הַנִּפְתָּח לָרִאשׁוֹנָה,

בָּאָה אֵלַיִךְ נְכֵאָה רְצוּצָה
לְדֶרֶךְ הַמֶּלֶךְ אַתְּ אוֹתִי מַחֲזִירָה,
בְּאֵבָרַי נוֹסֶכֶת שִׁירָה,

הַמְשִׁיכִי וְנַגְּנִי בִי כִּרְצוֹנֵךְ,
תָּמִיד אֶהֱיֶה מֵיתָר לְרַגְלֵךְ.

Yoga - My Friend

My loyal friend
Even though old as Methuselah
The vitality you emit
Is like a bud, newly opened,

I come to you dejected, shattered,
To the straight road you restore me,
Anoint my limbs with song,

Continue, play me as you will,
I will ever be a bowstring to your call.

שַׁלְוָה

מְמֻקֶּדֶת בּוֹהָה,
כָּל תְּחוּשָׁה רָעָה
מְנַטְרֶלֶת דוֹחָה,
שַׁבְרִיר שֶׁל
רִיק מְבוֹרָךְ
נוֹתֵן שַׁלְוָה.

Tranquility

Focused in wonder
All bad feeling
Neutralized, rejected,
A sliver of
Blessed emptiness
Brings tranquility.

אָסִיף

אָסִיף - זֶה הַשְׁלָמָה, שַׁלְוָה,
שָׂפָה מְלֻמָּדָה,
הַשְׁלָמָה עִם מָה?
עִם הָאוֹרֵב בַּפִּנָּה,
שַׁלְוָה שֶׁל מָה?
שֶׁל שׁוֹכְנֵי רִמָּה,
וּמָה בַּדֶּרֶךְ?
גּוּף בּוֹגֵד, נִכּוּר, בְּדִידוּת דְּמָמָה,
אֵין יוֹצֵא וְאֵין בָּא.

Harvest

Harvest - acceptance, tranquility
Learned words,
Acceptance of what?
Of the lurker in the corner,
What tranquility?
That of the dead,
And what lies along the way?
A treacherous body, alienation,
    loneliness.

No one goes, no one comes,
Silence.

לְהַשִּׁיל

לוּ יָכֹלְתִּי לְהַשִּׁיל
אֶת כֹּל שֶׁגָּוַע בְּתוֹכִי
לִהְיוֹת חֲסוּפָה כְּמוֹ עֵץ בְּשַׁלֶּכֶת
לֹא לְהִתְבַּיֵּשׁ בְּעָנְיִי,

מָחָר יוֹם חָדָשׁ מִתְחָדֵשׁ
גַּם אוֹתִי יְחָדֵשׁ
יְנַסּוּךְ עַל גּוּפִי מוֹר וּלְבוֹנָה,
יַלְבִּישׁ אוֹתִי מַחְלָצוֹת שִׂמְחָה
עִם רִקְמָה שֶׁל תִּקְוָה.
קוֹרֶנֶת וּלְבוּשָׁה הָדָר
לִקְרַאת יוֹם כַּלָּה.

Shedding

If only I could shed
All that has died within me
Bare, as a tree in the fall
 Unshamed by my poverty

Tomorrow is a new day
I too will be renewed
My body annointed with myrrh and
              frankincense
Dressed in robes of happiness
Embroidered with hope
Radiant and decked in finery
As for a wedding day.

מֵיתָרִים זְרוּקִים

רוֹצָה לְנַגֵּן אַךְ מֵיתָרַי זְרוּקִים
פְּזוּרִים לְכָל רוּחַ
נוֹגַעַת בָּהֶם
וְהֵם נוּקְשִׁים צוֹרְמִים
לְלֹא טִפַּת נְשָׁמָה.
אוֹסֶפֶת אוֹתָם אֶחָד אֶחָד
מְמַרֶקֶת מוֹתַחַת מְכַוֶּנֶת
וּמְלַטֶּפֶת אוֹתָם בְּרוֹךְ,
עַכְשָׁו הַצְּלִיל בָּהִיר צָלוּל
בּוֹטֵחַ וְזוֹרֵם, מָלֵא בְּרַכּוּת וּנְשָׁמָה.

Strings Abandoned

I want to play but my strings are of no use
Scattered to the winds
I touch them
They are stiff
Grating, souless.
I gather them one by one
Cleanse, stretch, tune
And softly stroke them
Now the note is bright and clear
Sure, confident, full of melody
and vigour.

פַּזֶל מְפֹרָק

כָּל בֹּקֶר אֲנִי קָמָה
פַּזֶל מְפֹרָק לְגוֹרְמִים,
יֵשׁ בְּקָרִים שֶׁכָּל חֵלֶק
מָצָא אֶת מְקוֹמוֹ בַּפַּזֶל בְּקַלּוּת,
בְּקָרִים אֲחֵרִים נְחוּצָה
מְלֶאכֶת מַחֲשֶׁבֶת לְהַרְכִּיב הַפַּזֶל מֵחָדָשׁ,
קָשִׁים הֵם הַבְּקָרִים
שֶׁאֲנִי קָמָה לְתוֹךְ עִרְבּוּבְיָה גְּמוּרָה,
כָּל חֵלֶק שֶׁאֲנִי צְרִיכָה
נִמְצָא מִתַּחַת לָעֲרֵמָה,
לֹא עוֹזֶרֶת כָּל תְּבוּנָה אוֹ תּוּשִׁיָּה
עוֹזֶבֶת הַכֹּל עַד שֶׁהָעֲרֵמָה תִּקְרוֹס,
וְאַז כָּל הַחֲלָקִים מוּנָּחִים לְפָנַי בִּבְהִירוּת
שָׁמָּה כָּל אֶחָד בַּפַּזֶל הַכּוֹלֵל
מַתְחִילָה יוֹם חָדָשׁ.

An Unmade Jigsaw

Each morning I rise
A jigsaw in pieces,
There are mornings when each part
Easily finds its place in the puzzle
And on other mornings it
Takes craftsmanship to assemble it
anew.
Hardest of all are the mornings when I
rise to total chaos.
Every piece I need lies under a pile.
No help from insight or wisdom,
I leave it all till the pile collapses
And then all the parts are
Laid clearly before me.
I place each one into its place
And start a new day.

יוֹגָה

Both near and Far

אֶבֶן יְקָרָה

אֶבֶן יְקָרָה
בַּחֲשֵׁכָה לִי אָבְדָה,
כְּשֶׁיִּבְקַע הָאוֹר אוֹתָךְ אֶמְצָא,
בְּרֹךְ אוֹתָךְ לְיָדִי אֶקַּח,
אֶשְׁמֹר, אֶנְצֹר יְקָרֵךְ,
פֶּן שׁוּב תֹּאבְדִי לִי וְאֵינֵךְ.

A Precious Gem

A precious gem fell and was lost
In the darkness of the night.
When day comes I will find you
And gently in my hand raise you
Guard you and cherish your beauty
Lest once again you are lost to me
And are no more.

עודד, בן ארבע, שאל: מה זה אהבה?

עוֹדֵד

מַה זֶה בִּכְלָל לֶאֱהוֹב?
כְּשֶׁאֲנִי רוֹאָה אוֹתְךָ
נִהְיֶה לִי טוֹב,
זֶה נִקְרָא לֶאֱהוֹב.
הַכֹּל בִּפְנִים מַפְשִׁיר וּמִתְרַכֵּךְ
כְּשֶׁאַתָּה אֵלַי מְחַיֵּךְ,
וּכְשֶׁזְּרוֹעוֹתֶיךָ הַקְּטַנּוֹת
אֵלַי בָּאוֹת,
אֵין מְאֻשָּׁר מִמֶּנִּי בְּכָל הָעוֹלָמוֹת,
וַאֲנִי מַרְגִּישָׁה כָּל כַּךְ טוֹב,
זֶה נִקְרָא לֶאֱהוֹב.

Oded, aged four asked: What is love?

Oded

By the way, what is loving?
When I see you,
I feel good,
That is called loving.
All within me melts and softens
When you smile at me,
When your tiny arms
Stretch out to me.
No one in all the world is as happy as I am,
And I feel, oh so good,
That is what loving is.

נַדְנֵדָה נְטוּשָׁה

נַדְנֵדָה נְטוּשָׁה
מַמְשִׁיכָה לָנוּעַ
לַמְרוֹת שֶׁזֶּה מִכְּבָר נֶעֶזְבָה,
לְאַט לְאַט מֵאִיטָה
דּוֹמֶמֶת וּמְחַכָּה...

נִזְכֶּרֶת אֵיךְ לְקוֹל צְחוֹק וְקְרִיאוֹת שִׂמְחָה
הִמְרִיאָה לַשְּׁחָקִים,
עַל מִפְתָּנָהּ הָיוּ צוֹבְאִים
כִּנְחִיל נְמָלִים,
הַמּוּלָה פְּעַלְתָּנוּת לְלֹא לֵאוּת,
כְּמוֹ בְּכַּוֶּורֶת דְּבוֹרִים.

נְטוּשָׁה דּוֹמֶמֶת מְחַכָּה...

The Forsaken Seesaw

A seesaw, abandoned,
Rocks on.
Though long forsaken
Slowly, slowly,
Silent and expectant.

Remembers how, to the sound of laughter
And cries of joy, it soared aloft.
At it's entrance trouping as a swarm of ants
The noise of tireless and unceasing motion
As in a hive of bees.

Abandoned, silent, it waits…

לְהִזְדַּקֵן בְּיַחַד

לְהִזְדַּקֵן בְּיַחַד זוֹ זְכוּת,
הַזְּכוּת לְצַפּוֹת בְּבֶן־הַזּוּג
לִתְמוּרוֹת
לַמְרוֹת שֶׁכְּבָר בָּרוּר שֶׁזֶּה
בְּגֶדֶר חֲלוֹמוֹת.

לְהַמְשִׁךְ וְלִדְבֹּק בְּאוֹתָן
צִפִּיּוֹת, בְּאוֹתָן שְׁגִיאוֹת,
הֵן הֲרֵי בְּנוֹת בַּיִת מוּכָּרוֹת,
הַכֹּל פָּתוּחַ הַכֹּל בָּטוּחַ.

זוֹ זְכוּת בִּשְׁנַיִם שִׁגְרָה
לַחֲבֹק
גַּם אִם מְשַׁמֶּשֶׁת עַד דּוֹק.

Growing Old Together

To age together is a privilege,
One with which to anticipate
    a partner changing,
In spite of it being clear that they lie
In the realm of pipe dreams.

To cling to those expectations,
    those mistakes,
For are they not well-loved
    house guests.
All is open, all is sure.

It is a privilege for two
to routinely embrace
Even if worn thin by custom.

לְדַבֵּר לְלֹא מִלִּים

גַּם לִשְׁתּוֹק טוֹב בִּשְׁנַיִם,
לֹא מִתּוֹךְ שְׁתִיקָה רוֹעֶמֶת,
שְׁתִיקָה מוּבֶנֶת,
הַמַּשְׂרָה נִינוֹחוּת רֵעוּת,
בָּהּ אֵין צֹרֶךְ בְּמִלִּים,
דַּי בְּמַבָּט, שְׂפַת גּוּף,
הַכֹּל כְּבָר מוּבָן כְּאֶלֶף מִלִּים,
כְּכֹל שֶׁיּוֹדְעִים לִשְׁתּוֹק בִּשְׁנַיִם,
גַּם מִילִים תִּהְיֶינָה לְמַכְבִּיר.

To Speak with no Words

Between two people even silence is
                              good

Not a stormy silence

But one of understanding,

Spreading restfulness, friendship,

A silence in which there is no need for
                              words.

A look, gestures, all suffice,

Everything understood as with a
                    thousand words,

For as much as two know how to be
                              silent

Words will only reinforce.

כְּעָנִי בַּפֶּתַח

כְּעָנִי בַּפֶּתַח שֶׁל כָּל אֶתְמוֹלַי,
לִהְיוֹת עִם הַטְּעָמִים הָרֵיחוֹת
הַצְּלִילִים, הָחַיִּים שֶׁהָיוּ וְאֵינָם.

מְיוּתֶמֶת מִכָּל אֶתְמוֹלַי,
כְּשֶׁהָיִיתֶּם עַל סַף מִפְתָּנִי
לֹא מִהַרְתִּי לָקַחַת,
כָּל הַזְּמָן הָיָה בְּיָדִי.

וְהָיָה וְתְשַׁחֲרוּ לְפִתְחִי
עִם הַטְּעָמִים שֶׁל אוֹתָם אֶתְמוֹלִים,
גַּם עִם יֵשׁ רְצוֹנוֹת
הִצְטַמְקוּ הַיְכוֹלוֹת,

אֶתְמוֹלִים לֹא חוֹזְרִים.

As a Poor Man at the Gate

As a pauper at the gate of all my
                              yesterdays,
To be with the tastes, the smells
The sounds, the life that was
                              and is no longer.

Orphaned from all my yesterdays
When you were on my threshold
I did not rush to take,
I had all of time in my hands.

If at dawn you come to my gate
With the taste of yesterdays
Even if there is a willingness
Abilities are less,

Yesterdays do not return.

שָׂדוֹת זָרִים

פְּרָחִים בְּשָׂדוֹת זָרִים
תִּפְרַחְתָּם יָפָה,
שָׁרְשֵׁיהֶם לֹא מֻגְדָּרִים
נוֹשְׂאִים בְּתוֹכָם זֵכֶר מָה
מֵגַּרְעִין הָאֵם.

עִקָּר מְזוֹנָם מֵהַבְּלִיל
שֶׁמִּסְּבִיבָם,
וְכַךְ דָּבֵק בַּתִּפְרַחַת הֹוֶה שׁוֹנֶה
עָבָר לֹא לָהֶם,
הַמְעַט שֶׁנִּשְׁאָר מֵגַּרְעִין הָאֵם
נִמְחָק.

Foreign Fields

Flowers in foreign fields
Their inflorescence beautiful
Their roots undefined
Carrying within them a vague memory
Of their mother's seed.

Their main nourishment from
The mix around them
And thus their efflorescence
is overlaid by a different present
A past not theirs.
The flower's heritage is left behind
And the little that is left of the mother
                              seed is erased.

לִבָּה

עַל מֶזֶג הָאֲוִיר כְּבָר דִּבַּרְנוּ,
אֶת הַכְּאֵב שֶׁל אֲחֵרִים
כְּבָר כָּאַבְנוּ,
בְּשֶׁלָּנוּ לֹא נָגַעְנוּ,
שְׁתִיקוֹת הַדְחָקוֹת,
מִתְקָרְבִים נְסוֹגִים,
לַלִּבָּה לֹא מַגִיעִים.

The Core

The weather we have discussed
The pain of others
     we have felt
Our own lie untouched,
Intrusions silences
Draw near, retreat
The core they do not reach .

שָׁעָה מִזְמָנְךָ

אִילוּ שַׁאַלְתָּ בְּנִי
אֵיזוֹ מַתָּנָה לִי לְהָבִיא
לְלֹא הִיסוּס הָיִיתִי עוֹנָה
שָׁעָה מִזְּמַנְּךָ,
מֵאַחָר וְשָׁעָה לְךָ פְּנוּיָה
אוּלַי אָשׁוּב וְאַכִּיר אוֹתְךָ,
לְךָ תִּהְיֶה שְׁהוּת לְהָצִיץ
וְלִרְאוֹת מַה בֶּאֱמֶת קוֹרֶה
אִתִּי, בַּעוֹלָם הַמִּתְקַצֵּר שֶׁלִּי.

A Moment of your time

If you had asked, my son,
What present to bring me
With no hesitation I would reply:
              A moment of your time,
Since if you have a free moment
Perhaps I will come to know you again,
And you would have a chance to peer
And see what really is happening
With me in my shortening world.

אִמָּא לְלֹא תַּקָּנָה

הַצֹּפֶן הַגֶּנֶטִי שֶׁל הָאִמָּהוּת
מַמְשִׁיךְ לְקַנֵּן לַמְרוֹת שֶׁהַקֵּן
כְּבָר מִזְּמַן הִתְרוֹקֵן.

הַקּוֹד קוֹבֵעַ חַד וְחָלָק
אֶת הַטַּבּוּר לְנַתֵּק,
אַךְ אוֹתוֹ קוֹד חָכָם
שָׁכַח לִמְחוֹק אֶת הַגֵּן
שֶׁתַּפְקִידוֹ כְּבָר קַיָּים.

לָכֵן הָאִמָּהוּת תַּמְשִׁךְ לְקַנֵּן
גַּם אִם רֵיק הַקֵּן.

An Unrepentant Mother

The genetic code of motherhood
Continues to brood
      tho' the nest is long since empty
The code dictates sharp and smooth
      to sever the umbelical,
But that same wise code
Forgot to wipe the gene
Whose task is done,
Thus motherhood continues
Tho' the nest is empty.

דְּמוּתְךָ

עֵינַי מְחַפְּשׂוֹת אֶת דְּמוּתְךָ
חִידָלוֹן הַשָּׁנִים הוֹתִיר אוֹתָהּ דְּהוּיָה,

הַצְּלִילִים מַחֲזִירִים לָהּ חַיּוּת
הִיא עַכְשָׁו בְּרוּרָה,
וַאֲנִי אִתְּךָ.

הַצְּלִילִים דּוֹעֲכִים,
דְּמוּתְךָ חוֹמֶקֶת לְתוֹךְ הָעֲרָפֶל,
עֵינַי שׁוּב מְבַקְּשׁוֹת
אֶת דְּמוּתְךָ ־ אוֹתְךָ.

Your Image

My eyes seek your image,
The passage of years has left it faint.

Music revives it
Now it is clear,
And I am with you.

The music fades,
Your image slips into the mist.
Again my eyes search for
Your image - for you.

תְּלוּלִית עָפָר

בְּהַקִּיץ וּבַחֲלוֹם
מַחְשְׁבוֹתַי מִתְרוֹצְצוֹת
בֵּין מַעֲבָדוֹת, רוֹאָה
מָה הֵם מְעוֹלְלִים בָּךְ.

לֹא אֵדַע מְנוּחָה עַד
יָנִיחוּ לָךְ,
תְּלוּלִית עֲפָר
לְחִבּוּק אַחֲרוֹן.

Mound of Earth

Awake and in dreams
My thoughts dart
From lab to lab, seeing
What they do to you.

I will know no rest till
        they let you be,
Mound of earth,
For a final caress.

אֲחוֹתִי - הַקְּטַנָּה

לִחְיוֹת אֶת הָחַיִים
לֹא הָיָה בָּךְ הַכֹּחַ,
מוּל הַמָּוֶות הַמְּאַיֵים
יֵשׁ בָּךְ אֶת הַכֹּחַ.
הִקְפַּדְתְּ לְהִפָּרֵד מֵחֲבֵרַייִךְ,
לְאֹהוֹבַיִךְ נָתַתְּ שֶׁהוּת
לָתֵת לַךְ אַהֲבָה,
אֶת גּוּפֵךְ תָּרַמְתְּ לַמַּדָּע,
הַמַּדָּע שֶׁלֹּא יָדַע לָתֵת
לַךְ מַרְפֵּא.

הַסְּדִינִים לְבָנִים וּמְסוּדָּרִים,
אַתְּ מְנוּתֶקֶת מִמְּעַט הָחַיִים
שֶׁעוֹד נוֹתְרוּ בָּךְ,
פִּיךְ פָּעוּר מְשַׁוֵּעַ,
אֶת טִיפַּת הֶחַיִים הָאֲחרוֹנָה
אַת מַחְזִירָה בִּדְמָמָה
קוֹרַעַת לֵב.

My Little Sister

To live out your life
You lacked the strength,
Facing a threatened death,
You had the strength,
You were careful to take leave of your friends
You gave time to your loved ones
To bequeath you love,
Your body you donated to science
That science which offered you no cure.

The sheets are white and tidy,
You withdraw from the little life
That remains in you,
Your open mouth cries out,
The last drop of life
You give up in a heartrending silence.

הֲיִי לִי אָחוֹת

הַמְשִׁיכִי וְהֲיִי לִי אָחוֹת,
עִם פֶּה מְחַיֵּךְ וְעֵינַיִם צוֹחֲקוֹת,
יֵשׁ בָּךְ כָּל הַכֹּחוֹת
בְּיָמִים קוֹדְרִים לֶאֱחֹז בִּקְטַנּוֹת,
אוֹתָן לִתְפֹּס בְּנְחִישׁוּת
וְלֹא לְהַרְפּוֹת,
הֶעָנָן יַחְלֹף, יוֹרִיד גֶּשֶׁם בְּרָכָה,
וְהַכֹּל יַחְזֹר לִהְיוֹת
כְּפִי שֶׁהָיָה.

Be My Sister

Continue being my sister,
With the smiling lips and the laughing eyes
You have all the strength,
On cheerless days to hold on to trifles,
To grasp them with resolve,
And never let them go,
The cloud will pass, bring blessed rain,
And all will return to be
As it was.

קְרוֹבִים - רְחוֹקִים

Feelings

תּוֹדָה

תּוֹדָה עַל כָּל שָׁנָה,
עַל כָּל עוֹנָה מִתְחַדֶּשֶׁת וּבָאָה,
תּוֹדָה עַל כָּל רֶגַע שֶׁל שִׂמְחָה,
עַל הַיֶּרֶק, הַצּוֹמֵחַ, הַפּוֹרֵחַ הַזּוֹרֵחַ,
הַצָּחוּת לְאַחַר הַגֶּשֶׁם,
עַל הָרוּחַ שֶׁמְּלַטֶּפֶת בְּרַכּוּת,
מִי יִתֵּן וְכָל זֶה יִמָּשֵׁךְ בַּאֲרִיכוּת.

Thank you

Thank you for every year,
For each new season as it comes,
Thank you for every joyous moment,
For the green, the growing, the shining
                 and the flowering
For the purity after rain,
For the softly caressing breeze,
Please let all this last and last.

קֵן הָרוּס

כְּשֶׁקֵּן הוֹפֵךְ לְתָא שְׁרָצִים
אוֹהֲבֵךְ לַעֲרִיץ בַּסוֹהָרִים,
אַל תִּתְנִי לָחֹשֶׁךְ לִסְגּוֹר עָלָיִךְ,
אִזְרִי כֹּחַ וְהַצְמִיחִי כְּנָפַיִים לָחֹפֶשׁ,
עוּפִי רָחוֹק כְּכָל שֶׁתוּכְלִי עַד שֶׁתִּמְצְאִי
פִּיסַת קַרְקַע מְנִיבָה.

A Ruined Nest

When a nest becomes a cell of vermin,
Your beloved a cruel jailer,
Don't allow the darkness to enfold you
Gather strength and take wing to freedom,
Fly as far as you can till you find
A scrap of fertile soil.

חַיִּים

רוֹצָה לִצְעֹק חַיִּים
הַשָּׁמַיִם הַכְּחֻלִּים
מְעוֹף הַצִּפֳּרִים
הַנְּהָרוֹת הַזּוֹרְמִים
הַיָּרוֹק בָּעֵצִים
הָאָדֹם בַּפְּרָחִים "חַיִּים".

הַגֶּשֶׁם הַסּוֹחֵף
הָרוּחַ הַגּוֹרֶפֶת
הַשֶּׁמֶשׁ הַשּׂוֹרֶפֶת,
בְּרָקִים וְקוֹל רְעָמִים "חַיִּים".

גֶּשֶׁם בִּבְרָכָה
רוּחַ בִּלְטִיפָה
שֶׁמֶשׁ נְעִימָה
וְרַחַשׁ הַחַיִּים
פְּאֵר הַמַּנְגִּינָה,
רוֹצָה לִלְחֹשׁ "חַיִּים".

Life

Yearning to proclaim Life
Blue skies
The flight of birds
The streaming rivers
The green of trees
The red of flowers, "Life".

The rain that rakes
The wind that drags
The sun that burns
Lightning and the voice of thunder,
                    "Life".

The blessed rain
Caressing breeze
The gentle sun
And the murmur of the living.
That glorious music
Craves to whisper, "Life".

תַּמְנוּן

תַּמְנוּן מִתְפַּתֵּל בּוֹלֵעַ וּמוֹחֵק
אֶת הָעוֹלָם סְבִיבִי,
עִם כָּל פְּרֵדָה נוֹשֵׁר וְנִמְחָק
גַּם חֵלֶק מְתוֹכִי,
מוֹתִיר טְרָשִׁים סְדוּקִים, צִיָּה
הַמְשַׁוְעִים לְמָטָר בְּרָכָה.

Octopus

A writhing octupus swallows and erases
The world about me.
With each parting sheds and wipes out
Something from within me too
Leaving cracked stones, desert
Crying out a blessing for the rain.

בַּקָּשָׁה

אֱלֹהַי אָנָּא אַל תִּשְׁכַּח
לִזְרֹעַ בִּשְׁבִילִי אֶת הַשָּׁנָה
הַחֲדָשָׁה, שֶׁתָּנִיב צֶמַח חָזָק
וּפוֹרֶה, שֶׁלֹּא יַשְׁאִיר מָקוֹם
לְעֵשֶׂב שׁוֹטֶה.
צֶמַח שֶׁיִּתֵּן הַשְׁרָאָה סַקְרָנוּת
פְּתִיחוּת וְאֶת הַהֲבָנָה
לְהִתְרַכֵּז בָּעִקָּר וְלֹא בַּטָּפֵל.

בְּעֶזְרָתְךָ אֶפְנֶה אֵלֶיךָ שׁוּב
בְּסוֹף הַשָּׁנָה, עִם אוֹתָהּ
בַּקָּשָׁה לַשָּׁנָה הַבָּאָה.

A Plea

My God, please do not forget
To sow in the new year a seed for me
That it may bring forth a strong and
                fertile plant
Leaving no room for foolish weeds
A plant to provide inspiration,
                openness
And the understanding
To concentrate on the essence and not on
                the vapid
With your help I will again turn to you
At year's end, with the same
Plea for the next year.

מַנּוּי לְגַן עֵדֶן שֶׁל טִפְּשִׁים

מַנּוּי לְגַן עֵדֶן שֶׁל טִפְּשִׁים
שָׁם לֹא חוֹשְׁבִים
כָּל הַזְּמַן רַק מְחַיְּכִים,
הַחִיּוּךְ מְחַלְחֵל וּמְרַכֵּךְ
אֶת כָּל הָאֵיבָרִים,
אִם זֶה מַה שֶּׁשָּׁם יֵשׁ,
מִי צָרִיךְ מָקוֹם אַחֵר לְחַפֵּשׂ,
אַךְ לַמָּקוֹם תְּנָאִים מַגְבִּילִים
אִם חוֹשְׁבִים מִיָּד נִזְרָקִים,
אָמְנָם הָרְשׁוּת עוֹמֶדֶת לְשָׁם לַחֲזוֹר
בִּתְנַאי שֶׁאַתָּה שׁוּב בַּתּוֹר,
הַתּוֹרִים לְשָׁם אֲרוּכִּים.
מִי לֹא רוֹצֶה מִדֵּי פַּעַם
גַּן-עֵדֶן שֶׁל טִפְּשִׁים.

Enrolled in a Fool's Paradise

Enrolled in a fool's paradise
Devoid of thought
Forever smiling
The smile penetrating and softening
Every limb.
If that is what is within it
Who needs to search elsewhere.
But that place does have limiting conditions,
The thoughtful are ejected.
Nonetheless there is permission to return
Provided one stands again in the queue.
The queues for there are lengthy.
Who does not sometimes yearn for a fool's
paradise?

עֹנֶג שַׁבָּת

עוֹנְדוֹת אֶת אוֹצְרוֹת הַמְּגֵירָה
לוֹבְשׁוֹת מֵיטַב הַמַּחֲלָצוֹת
וּמְדַדּוֹת לַזִּירָה,
לִרְמוֹס אֶת הַשָּׁעוֹת
לְהַרְחִיק וְלוּ בִּמְעַט
אֶת מֶלְתְּעוֹת הַבְּדִידוּת.

Sabbath Delight

Adorned with treasures of the dresser
Bedecked with the best of festive attire
They stagger into the arena
To crush the hours,
To distance, even for a little
The jaws of loneliness.

חוֹרִים שְׁחוֹרִים

עִם מֶרְחָבִים שֶׁל זְמַן מִשֶּׁלִּי
הִתְחַלְתִּי לְמַלֵּא חוֹרִים שְׁחוֹרִים
בְּתוֹכִי.
לְמַלֵּא אֶת כּוּלָּם קָצְרָה יָדִי.
אַמְשִׁיךְ בְּחַיַּי לַמְרוֹת הֱיוֹתָם אִתִּי
אֶצְבַּע אוֹתָם בִּצְבָעִים לְרוּחִי.

Black Holes

Owning wide stretches of time
I began to fill the black holes within me,
But all of them could not be filled.
I'll continue with my life though they are
                              with me
I'll tint them with colours to match my
                        mood.

מַסֵּכוֹת

הֵלֶךְ הָרוּחַ יוֹצֵר מַסֵּכוֹת,
בְּדִמְיוֹנִי הֵן לוֹבְשׁוֹת
וּפוֹשְׁטוֹת צוּרָה,
אַחַת שְׂמֵחָה,
הָאַחֶרֶת מַזִּילָה דִּמְעָה,
יְשֵׁנָה קוּנְדָּסִית
וּלְאִיזוּן רְצִינִית.

כְּשֶׁמַּסֵּכַת הַבְּלִיַּעַל
מְשַׁחֶרֶת לְטֶרֶף
אֲנִי שׁוֹלֶפֶת אֶת הַקּוּנְדָּסִית
עִם קְרִיצָה לַשְּׂמֵחָה
וּבַת הַבְּלִיַּעַל
לֹא יוֹדַעַת מְקוֹמָהּ.

Masks

Moods create masks
In my imagination they assume
        and lose shape,
One is happy
The other causes a tear,
One is a joker
And for balance,
One who is serious.

When the Mask of Belial
Is questing for prey
I bring out the Joker
With a wink towards Joy
And the wicked one
Loosens his grip.

Fleurs d'Orlain

לְחָבֶרְתִּי צָף תּוֹדָה

Fleurs d'orlain - שִׁיקוּי פִּרְחֵי נְעוּרַי,
מִתְפַּשֵּׁט בְּכָל אֵיבָרַי,
נוֹגֵעַ בְּכָל נִימֵי מְעַרְפֵּל חוּשַׁי,
מִתְרַפֶּקֶת לֹא עוֹזֶבֶת סְעָרַת חוּשַׁי,
נִצְמֶדֶת לְעָבַר נְעוּרַי.

Fleur d'Orlain

(to my friend Zaf, with thanks)

Fleur d'Orlain, potion of the flower of my
youth

Spreads through all my limbs

Touches all my veins

Mists my senses.

Nestles, does not leave

The storm of my sensuality,

Clings to my youth.

נִשְׁלָחִים וְנִשְׁכָּחִים

עוֹלָם אֲחוּז תְּזָזִית,
כָּל מִי שֶׁבְּדֶרֶךְ
הַדּוֹהֲרִים,
לַשּׁוּלַיִם נִזְרָקִים
וְשָׁם נִשְׁכָּחִים.

גַּם אֵלּוּ שֶׁצָּבְרוּ
שָׁנִים וְנִהְיוּ זְקֵנִים,
פֹּה וְשָׁם עוֹד מוֹעִילִים,
בַּמֵּרוּץ כְּבָר לֹא עוֹמְדִים,
גַּם אֵלּוּ לַשּׁוּלַיִם נִשְׁלָחִים,
בְּצִדֵּי הַדֶּרֶךְ נִשְׁכָּחִים.

Rejected and Forgotten

A world in delirium.
All who lie in the way
Of the galloping horde
Are pushed to the side and
There forgotten.

Even those who, just yesterday
Were young, have garnered
Years and become old.
Even if, here and there,
Are still useful
But cannot stand the pace,
Those too are cast away and
Lie forgotten by the wayside.

כְּמוֹ צְעִירוֹת

סַבְתּוֹת כְּמוֹ צְעִירוֹת
פְּעִילוֹת, מעֻדְכָּנוֹת,
מְטֻפָּחוֹת וּמְאֻבְזָרוֹת
וּבְכָל זֹאת מִתְאוֹנְנוֹת
עַל שֵׁם אוֹ תַּאֲרִיךְ שֶׁפָּרַח,
עַל קְצַת סִידָן שֶׁבָּרַח
עַל חֵשֶׁק שֶׁהָלַךְ
עַל הוֹרְמוֹן זֶה אוֹ אַחֵר שֶׁחָסֵר,
עַל רְצוֹנוֹת שֶׁכְּבָר לֹא יְכוֹלוֹת
עַל אִי־רְצוֹנוֹת
הַהוֹלְכִים וּמִתְרַבִּים,
אָמְנָם יוֹדְעוֹת שֶׁהַרְבֵּה לֹא נִתָּן לַעֲשׂוֹת
שִׁנֵּי הַזְּמַן חַדּוֹת
וּבְכָל זֹאת מַמְשִׁיכוֹת וּמְנַסּוֹת
לַהֲדֹף אֶת הָחֻרְבָּן
שֶׁמּוֹתִיר הַזְּמָן,
חֲכָמוֹת.

Just Like Young Girls

Grandmothers are just like youngsters
Active, up-to-date
Well groomed, and bejewelled
But nevertheless complaining
About a date or a name that has fled
On a morsel of calcium gone,
On desire that has passed.
On the lack of this or that hormone,
On wants that can no longer be fulfilled
On "don't wants"
That keep multiplying,
Knowing that there is not much to be done.
Time has sharp teeth,
Yet they continue to try
To reject the ruin that is the
Detritus of time,
Wise ones.

עִיר מֻכֶּרֶת

עִיר מֻכֶּרֶת ־ עִיר מְנֻכֶּרֶת,
רַק אֶתְמוֹל אֵלַי כָּל פִּנָּה
מֵיטַב חִיּוּכֶיהָ שָׁלְחָה,
הַאִם אַתְּ אוֹתִי בִּכְלָל מַכִּירָה,
כִּי אֲנִי אוֹתָךְ בְּקֹשִׁי מְזַהָה,
גַּם אִם כָּל פִּנָּה בָּךְ מֻכֶּרֶת
הָפַכְתְּ לְכָל־כָּךְ אַחֶרֶת.

A Town Familiar

Familiar town, estranged town,
Just yesterday, each of its corners
Lavished on me the best of smiles.
Do you know me at all
Because you I hardly recognize.
Even if I know your every corner
You have become so alien.

עַל בְּלִימָה

לֹא רוֹצָה לְהַרְגִּישׁ
לֹא רוֹצָה לְקַוּוֹת,
דִמְדוּמֵי הֶחֲלוֹמוֹת
מַבְהִילִים עַד אֵימָה,
פֶּן לֹא אֶמְצָא
הַדֶּרֶךְ חֲזָרָה,
אוֹחֶזֶת חָזָק עַל
בְּלִימָה.

On the Brink

Don't want to feel
Don't want to hope,
Twilight dreams
Shock and scare,
Lest I find not
The way back
I halt at the brink.

שִׁירִים שֶׁל פַּעַם

מַנְגִּינוֹת הַשִּׁירִים שֶׁל פַּעַם
מְמַלְאִים עוֹטְפִים
בּוֹחֲשִׁים בְּקִרְבִּי.
וְנִטְמָעִים בִּי.

עוֹבֶרֶת אִתָּם לִזְמַנִּים שֶׁהָיוּ
לִרְגָעִים שֶׁנִּשְׁתַּמְּרוּ,
מְנַסָּה לֶאֱסוֹף רְסִיסִים מֵהֶם
לתוֹךְ הַגָּבִיעַ שֶׁנּוֹתָר רֵיק,
הֵם חוֹמְקִים
שִׁירִים שֶׁל פַּעַם
שִׁירִים שֶׁטּוֹב לָשִׁיר
בְּיָחַד.

Songs of Old

Old time songs,
Fill, envelope,
Churn within me
And, in there, strike root.

With them I am transported
To times preserved
To moments guarded.
I try to gather up their shards,
Fill the goblet, which stays empty.
They escape.
These songs of old
Are songs best sung
        in company.

הִלְכֵי רוּחַ

Time is Cruel

עֵצִים מֵתִים זְקוּפִים

עֵץ בָּא בְּיָמִים לַמְרוֹת
שׇׁרָשָׁיו הָעֲמוּקִים תַּשׁ כֹּחוֹ,
עַלְוָתוֹ מְשַׁוַּעַת לְחַיִּים,
כָּמוּשׁ, נֶעֱזָב, מְבוּיָּשׁ,
שׁוֹמֵר עַל קוֹמָתוֹ
לְבַל תִּקְרוֹס.
עֵצִים מֵתִים זְקוּפִים.

Trees Dead but Upright

An ancient tree despite
Its deep roots
Has lost its strength
Its foliage cries out to life.
Fading, abandoned, ashamed,
Keeps its stature unbending.
Trees die upright.

בַּיִת

הִשְׁקַעְתִּי בַּבַּיִת כְּמֵיטָב כִּשְׁרוֹנִי,
בִּרְבוֹת הַשָּׁנִים כָּל
חֵפֶץ בּוֹ הָפַךְ לְיְדִיד,
עָבְרוּ הַשָּׁנִים אִתָּם גַּם הַכּוֹחוֹת,
הִגִּיעַ הַזְּמָן לְפָרֵק אֶת כָּל מַה
שֶׁבֵּין הַקִּירוֹת,
לַעֲבוֹר לְבַיִת מוּגָן, קָטָן מְמַדִּים,
לַצֶּקֶת בּוֹ חַיִּים.

Home

My best talents in my home I invested,
After many years each
Item in it became a friend,
With the passing of years so too
    did my strength
The time had come to dismantle all
      that lay within the walls,
To move to a sheltered home,
   of small dimension
To imbue it with life.

צֶמֶד חֶמֶד

שְׁתֵּי יֵשֻׁיּוֹת בִּי
הַזִּקְנָה וַאֲנִי,
כָּל אַחַת בְּשֶׁלָּהּ
רוֹצוֹת אֶת הַבְּכוֹרָה,
הַזִּיקְנָה מְצַיֶּדֶת
עַד לְעֲיֵפָה,
כָּל פַּעַם שׁוֹלֶפֶת
לְלֹא בּוּשָׁה,
מְנַסָּה לַהֲדוֹף, פְּעָמִים
גַּם מַצְלִיחָה.

A Pretty Pair

Two beings I hold within:
Old age and me, myself.
Each one, selfishly,
Demands priority,
Old age is armed
    exhaustingly
Each time unsheaths
Without shame
I try to repel it, at times
    even succeed.

בָּלָדָה לַתַּנּוּר(1948)

קִבַּלְתִּי אוֹתְךָ הֲכִי חָדִישׁ
הֲכִי נוֹצֵץ, הֲכִי טוֹב שֶׁיֵּשׁ,
כִּמְעַט שְׁנוֹת דּוֹר
תָּמִיד מוּכָן לְשַׁתֵּף פְּעֻלָּה וְלַעֲזֹר.
הָיִיתָ שֻׁתָּף לְחִמּוּם
בַּקְבּוּקֵי הֶחָלָב בַּלֵּילוֹת,
לְקָפֶה רִאשׁוֹן שֶׁל בֹּקֶר,
לְנִסּוּיִים קוּלִינָרִיִּים,
שֶׁבִּרְבוֹת הַיָּמִים
הָפְכוּ לֹא פַּעַם לַחֲוָיָה
בָּהּ שִׁתַּפְנוּ אֶת הָאֲהוּבִים בְּיָד רְחָבָה.
כְּשֶׁעָיַפְתָּ מִידֵי פַּעַם מִלְּפַזֵּר אֶת הַחֹם שֶׁלְּךָ,
וְחָזוּתְךָ לֹא מִי יוֹדֵעַ מַה,
הִמְשַׁכְתִּי וְקִבַּלְתִּי אוֹתְךָ כְּפִי שֶׁהִנְּךָ.
כְּשֶׁהֶחְלַטְתָּ לִשְׁבּוֹת כָּלִיל
לֹא נִשְׁאֲרָה לִי בְּרֵרָה,
לְגַמְרֵי בְּלִי חֹם אֵינֶנִּי יְכוֹלָה,
הֵבֵאתִי חָדָשׁ בִּמְקוֹמְךָ,
יְשַׁמֵּשׁ כְּשֶׁיִּדָּרֵשׁ, כְּאֶמְצָעִי,
אַתָּה תָּמִיד תִּשָּׁאֵר הַשֻּׁתָּף הָאֲמִתִּי.

Ballad to a stove

You came to me as the newest
Shiniest, the best there was,
almost a complete generation ago.
Ever ready to join in and help.
A partner to warm bottles of milk in the night,
Or the first morning coffee ,
To culinary experiments
Which, often, in time became overwhelming,
In which we fulsomely included our loved ones.
When occasionally you tired of giving up your heat
And your appearance was not what it should have
been.

I went on accepting you for what you were.
When you finally decided to stop completely,
I had no choice.
With no heat I cannot continue.
I bought another in your place
To do all that is required
To function as a means,
You will always remain my true partner.

אוֹר

לָמָּה לֹא כְּמוֹ נוּרַת
חַשְׁמַל בַּתִּקְרָה,
עִם אוֹתָהּ אֶנֶרְגְיָה
מִתְּחִילָּתָהּ וְעַד סוֹפָהּ
שׁוֹפַעַת אוֹר מְאִירָה
לְאוֹרֶךְ כָּל דַּרְכָּהּ.

בְּסוֹף הַדֶּרֶךְ, הֵבְזֵק
אֶחָד וְאֵינָהּ.

Light

Why not, as a light bulb
Hanging from above,
With energy unchanging
From start to end
Spreading illuminating light
Along all its way

Until finally at journey's end,
One flash and it is no more.

הָעֵץ כְּמָשָׁל

עֵץ עָמוּס שָׁנִים מַמְשִׁיךְ לְלֹא לֵאוּת,
לְהִתְחַדֵּשׁ וְלִצְמֹחַ.
מִסְּבִיבוֹ נוֹבְטִים שְׁתִילִים,
לֹא יִרְחָק הַיּוֹם , יִהְיוּ גַּם הֵם לְעֵצִים,
עֵצִים בְּתוֹךְ יַעַר רוֹחֵשׁ חַיִּים
מֵשִׁיב נֶפֶשׁ לָעֲיֵפִים.

וְהָיָה וְעָלָה עָלָיו הַכּוֹרֵת
לֹא יֹאמַר נוֹאָשׁ
יִפְרוֹץ מֵהַגֶּדֶם
וְיַתְחִיל מֵחָדָשׁ.

The Tree as Metaphor

A tree burdened by years
Carries on, untiring,
To renew and grow.
Around it sprout shoots,
Not distant is the day
When they too will become trees,
Trees in a forest murmuring life
Restoring the weary.

And if it should face the axeman
It will not despair,
It will burst forth from the stump
And begin anew.

טִיפַּת זְמַן קְפֵאָה

בְּבוֹא שְׁעָתִי
לוּ רַק יִהְיֶה אִתִּי
הַטֶּבַע וְהַצְּלִיל, לֹא אֶחְסַר דָּבָר.

אֶהְיֶה לְטִיפַּת זְמַן קְפֵאָה,
הַטֶּבַע וְהַצְּלִיל שְׁמוּרִים בְּתוֹכָהּ.

A Frozen Drop of Time

When my time comes
If only I have with me
Nature and the sound of music
I will lack for nought.

I will be a drop of frozen time
Nature and sound safeguarded
within.

זִכְרוֹנוֹת

צְרוֹרוֹת שֶׁל זִכְרוֹנוֹת
אִתָּנוּ שְׁמוּרִים
כְּמוֹ בְּמַחְסָן שֶׁל חֲפָצִים
נִשְׁכָּחִים.

הַחַיִּים זוֹרְמִים
הַזִּכְרוֹנוֹת נֶעֱרָמִים,
בְּבוֹא הַיּוֹם
יַחַד אִתָּנוּ מֵהָעוֹלָם
עוֹבְרִים.

Memories

Memories in bundles
We keep within us
As a store of forgotten items.

Life flows on
Memories pile up,
When the day comes
With us they pass from the world.

הֲנָאוֹת הֶחַיִּים

יֶשְׁנָם דְּבָרִים אֲשֶׁר אֲסוּרִים לִזְקֵנִים,
הַלֵּב וְהָרֵאוֹת לֹא
מַרְשִׁים לְמַהֵר יוֹתֵר מִדַּי,
לַחַץ הַדָּם לֹא מַרְשֶׁה
לְתַבֵּל יוֹתֵר מִדַּי,
מַאֲכָלִים עֲשִׁירִים וּטְעִימִים
לֹא מְעַכְּלִים,
אָסוּר לְהִתְעַנֵּג עַל שׁוֹקוֹלָד וְכוֹסִית
הַמַּמְתִּקִים אֶת הַחַיִּים,
עַל סֶקְס וְטִיּוּלִים לְמֶרְחַקִּים
כְּבָר לֹא מְדַבְּרִים,
הַקְּרוֹבִים בְּיוֹתֵר רְחוֹקִים עֲסוּקִים,
הָרוֹפֵא בּוֹדֵק וְאוֹמֵר אֵין מִמְצָא
הַכֹּל בְּגֶדֶר הַנּוֹרְמָה,
וּבְכָל זֹאת דּוֹקְטוֹר לָמָּה??
בַּת כַּמָּה אַתְּ? בַּת שְׁמוֹנִים,
מַה אַתְּ רוֹצָה?
הַכֹּל תָּקִין זֶהוּ גִּיל שְׁמוֹנִים...

Life's Pleasures

To the old some things
Are not allowed.
Heart and lungs forbid a hurrying
Blood pressure forbids
Too much seasoning,
Rich and tasty foods are not digested
One cannot take pleasure in chocolate
Or a small glass of spirits
To sweeten one's life.
Sex and long voyages
Are no longer mentioned.
Near ones are far away and busy
The doctor examines and says
Nothing shows.
Nevertheless, Doctor, why?
How old are you? Eighty
So what do you want
Everything is OK, that's being eighty...

בַּת שְׁמוֹנִים

כַּךְ לְפֶתַע בַּת שְׁמוֹנִים,
מֵאֲחוֹרַי כָּל כַּךְ הַרְבֵּה
יָמִים לֵילוֹת חֳדָשִׁים
שָׁנִים - בַּת שְׁמוֹנִים.

מְנַסָּה לְהַגִּיעַ לְחוּשֵׁי
הָרְדוּמִים וְלִצְעוֹק
הִתְעוֹרְרוּ - חֲגִיגָה,
הֵם לֹא מְבִינִים עַל
מַה הַמְּהוּמָה,
בִּשְׁבִילָם לְהִתְעוֹרֵר
לְתוֹךְ כָּל יוֹם חָדָשׁ
זוּ חֲגִיגָה.

אֲנִי הִיא שֶׁצְּרִיכָה
לְהִתְעוֹרֵר וּלְהָבִין
מַה זֶה גִּיל שְׁמוֹנִים

הָעֵינַיִם כְּבָר לֹא
כָּל־כַּךְ חַדּוֹת,
הַצְּעָדִים כְּבָר לֹא
כָּל־כַּךְ מְהִירִים,
הָרְצוֹנוֹת כְּבָר לֹא
כָּל־כַּךְ לוֹהֲטִים,
לְהָבִין וּלְקַבֵּל....

At Eighty

So, of a sudden, I'm eighty,
Behind me lie so many
Days, nights, months
Years, eighty years

Trying to engage my
Drowsy senses I cry out
Awake, it's a party'.
They do not understand
What the fuss is about,
For them to waken
To each new day
That's a party.

It is I who must
Wake and understand
What it is to be eighty,
The eyes are not quite as bright,

The ears not as sharp
Steps no longer
So sprightly
Desires not so
    burning
To understand and to
    accept......

זִקְנָה

לֹא כָּל מֵחוּשׁ הוּא מַחֲלָה,
זוֹ זִקְנָה הַמִּתְפַּשֶּׁטֶת בְּהַתְמָדָה,
שִׁנֵּי הַזְּמַן הַשּׁוֹחֲקוֹת
לֹא יוֹדְעוֹת שֹׂבְעָה.

אֲפַזֵּר קְטֹרֶת אַעֲלֶה מִנְחָה,
אוּלַי אֵדַע הַפֻגָה
עַד לַמֵּחוּשׁ הַבָּא.

Old Age

Not every ache is an illness
Age it is, spreading and persistent.
The grinding teeth of time
Never sated.

I'll scatter incense, offer up a
                         sacrfice
Perhaps I'll know relief -
Until the next pang.

שִׁינֵּי הַזְּמַן

Pot Pourri

אֶבֶן

שְׁכָבוֹת שֶׁל שָׁנִים
דוֹרוֹת שֶׁל סוּפוֹת
לַבָּה וּגְשָׁמִים
בָּאֶבֶן נְצוּרִים.

הָאֶבֶן מְשַׁמֶּשֶׁת לִבְנִיָּה,
לְסִתּוּת לְקִשּׁוּט לְהַנְצָחָה.

אֶבֶן בִּידֵי אָמָן, תֵּהָפֵךְ לְשְׂכִיַּית חֶמְדָּה,
אֶבֶן הַנֶּגֶף בִּידֵי מְרֵעִים
הַבָּאָה לַהֲרוֹג לִזְרוֹעַ שִׂנְאָה,
אֶת זוֹ, אֱלוֹהֵי הַחֶסֶד
תָּסֵב לְאֶבֶן פִּינָה.

Stone

Layers of years
Generations of storms
Lava and rains
In the stone are stored.
Stone is for building,
Chiselling for decoration,
For eternal rememberance.
Stone in the hands of a craftsman
Becomes a masterpiece.
A striking stone in the evil-doer's
        hand
Coming to kill and sow hatred,
This kind, God of mercy,
Transform into a cornerstone.

כְּבַת שָׁנָה

בַּת שְׁמוֹנִים כְּבַת שָׁנָה
פְּעָמִים תוֹהָה,
מְבַקֶּשֶׁת יְשׁוּעָה,
הָאִם מֵהַצָּפוֹן תָּבוֹא
אוּלַי דָּרוֹם יִשָּׂא בְּרָכָה?
וְתִשְׁקוֹט הָאָרֶץ וְלֹא
תִּהְיֶה עוֹד מִלְחָמָה,
הַכֹּל בִּמְקוֹמוֹ יִשְׁכּוֹן
הַצָּפוֹן גַּם הַדָּרוֹם
הַיָּמִין וְהַשְּׂמֹאל.

As a one-year-old

Aged eighty, yet as a one-year-old
Sometimes wondering
I plead for salvation,
Will it come from the north
or will the south bring blessing
And the land quieten
And there will be war no more,
All will in their place dwell
The north with the south
The left with the right.

מְכוֹרָה

הֵן כֹּה אֲהַבְתִּיךְ מְכוֹרָה,
עִם הַרְבֵּה סַבְלָנוּת וְתִקְוָה,
כָּל שֶׁבִּרְצוֹנִי הוּא
לִשְׁמֹר הַיֵּשׁ שֶׁלִּי,
וְאַתְּ, כָּל פַּעַם מְעַט יוֹתֵר
מַפְשִׁיטָה אוֹתִי,
קְרוּעָה וַעֲרֻמָּה אוֹתִי מוֹתִירָה,
וּמַפְחִידָה אוֹתִי עַד אֵימָה,
כְּבָר מִזְּמַן הִפְשַׁלְתְּ עוֹרִי,
עַכְשָׁיו אַתְּ מַמְשִׁיכָה
וְנוֹגֶסֶת בִּבְשָׂרִי.

Homeland

I so loved you my homeland,
With much patience and hope,
All I wanted
Was to guard what I had,
And you, each time more, less,
Strip me,
Torn and naked leave me,
And so frightened,
Long ago you peeled my skin,
And now you carry on,
And bite into my flesh.

פַּרְשָׁן

לְבִּי עִם הַבְּרוּאִים
בְּצֶלֶם בַּאֲשֶׁר הֵם,
לְטֵרוּף מִשְׁתָּלֵחַ
הַיּוֹרֵק אֵשׁ לְתוֹךְ
בֵּיתֵינוּ, עַל עוֹבְדֵי כַּפַּיִם,
זְקֵנִים נָשִׁים וַטָף,
הַעֹטֵף עַצְמוֹ בְּשִׁרְיוֹן
שֶׁל זְקֵנִים נָשִׁים וְטַף
שֶׁלוֹ עַצְמוֹ,
דִּינוֹ חָרוּץ.

כָּל צוֹפֶה בַּגִּבְעָה
הָחֹרֵשׁ חֲדָשׁוֹת
הַהוֹפֵךְ לְפַּרְשָׁן אֶסְטְרָטֵגִי,
מוּטָב שֶׁיֶּחְדָל.

The Commentator

My heart is with those created
In the image, wherever they may be.
A spreading octopus
Spitting fire into
Our homes, on manual workers,
Old people, women and children.
Wrapping himself in the armour
Of old men, women and children,
His very fate determined.

He who observes the hill
Ploughs the news,
becomes a strategy commentater,
Better he should cease.

מִלִּים חוֹנְקוֹת–מִלְחֶמֶת הַמִּפְרָץ

הַמִּלִּים חוֹנקוֹת וְגוֹדְשׁוֹת
אֵינֶנִי יְכוֹלָה לְהָבִיא לְמִמּוּשָׁן,
אִבַּדְתִּי אֶת הַקֶּשֶׁר עִם נַפְשִׁי,
נִלְקַח מִמֶּנִי הַמִּפְלָט, לְהַבִּיעַ מִלּוֹתַי.

הָר אַדִּיר מִתְקָרֵב מְאַיֵּם לִגְרֹף,
אֲנִי מְכוּרְבֶּלֶת עַד לְאַפְסִיּוּת
מְחַכָּה, הֲיִתְקָרֵב הַיִּסּוּג?

Words Stifle - The Gulf War

Words pile up and stifle,
I cannot utter them,
I have lost connection with my
    impotent soul,
I have been denied the refuge
Of expressing my words.

A mighty mountain nears,
Threatens to sweep me away,
I am huddled into insignificance,
Waiting, will it draw near,
Will it retreat?

לְלֹא כּוֹתֶרֶת

Present Day Wonders

פֻּנְדָּק

פֻּנְדָּק־ לְעוֹבֵר אוֹרַח עָיֵף
אַחֲרֵי מְנוּחָה שָׁב לְבֵיתוֹ

פֻּנְדָּק־ קֵן לָאוֹהֲבִים
אַחֲרֵי לַיְלָה סוֹעֵר
אוֹסְפִים הָחוּשִׁים
וְהַבַּיְתָה חוֹזְרִים,

פֻּנְדָּק־ דִּיּוּר מוּגָן,
לוֹבִּי נוֹצֵץ וְקַר
לָעוֹבְדִים הַמְּנֻמָּסִים
חִיּוּךְ מְאֻלָּף בַּפָּנִים,
מַעֲלִיּוֹת מְהִירוֹת
מִסְדְּרוֹנוֹת אֲרֻכִּים,
הִבְהוּב שֶׁל כַּרְטִיס חָכָם
אוֹסֵף אוֹתְךָ פְּנִימָה
וְאַתָּה שׁוּב לְבַד
וְלֹא בַּבַּיִת, בְּדִיּוּר

Motel.

Motel - from where a weary wayfarer
    after a rest, returns home
Motel - a nest for lovers who
    after a tempestuous night
    gather up their senses
        and return home.

Motel- secure accomdation,
    lobby, shining and frigid
    for the polite employees
    false smile on their faces,
    speedy lifts, long corridor
    whisper of smart cards
    gathers you in
    and once again you are alone
    not at home, in lodgings.

מִכְתָּב עַל גִּלְגּוּלָיו

לְמִכְתָּב שֶׁל פַּעַם
הִתְיַחֲסוּ בְּכָבוֹד
הַמִּלָּה נִבְחֲרָה בִּקְפִידָה,
לַכּוֹתֶרֶת וְלַחֲתִימָה
הִקְדִּישׁוּ מַחְשָׁבָה
נְיָר וּמַעֲטָפָה בְּלָבָן
לְמִכְתָב שֶׁל חוּלִין
מַעֲטָפָה כְּחֻלָּה - מָקוֹם לְתִקְוָה,
בְּמַעֲטָפָה וְרֻדָּה
צְפוּנִים דִּבְרֵי אַהֲבָה.
בְּמוֹ יָדְךָ כָּתַבְתָּ
בְּמוֹ יָדְךָ שָׁלַחְתָּ
בְּמוֹ לִבְּךָ צִפִּיתָ לַתְּשׁוּבָה
MAIL אֲמִתִּי.
הַיּוֹם הָאִי-MAIL בָּאָפְנָה
הוֹלֵךְ וְנֶעֱלָם הַמַּגָּע שֶׁל הָעֵט בַּנְּיָר,
לִפְנֵי שֶׁהָאֶצְבַּע גּוֹמֶרֶת לְשַׁגֵּר אֶת הַמִּלָּה
הַמִּלָּה כְּבָר הִגִּיעָה לְיַעֲדָהּ,
אֵין יוֹתֵר מַעֲטָפוֹת
כָּל צְפוּנוֹת לִבְּךָ עֶרְיָה.

Evolution of the letter

Of old, a letter
Was treated with honour
A word, chosen with care,
Thought devoted to
Heading and signature,

Paper and envelope in white
For that everyday letter
Envelope in blue - signals hope
In a pink one are encoded matters of love

With your own hand you wrote
With your own hand you sent
With all your heart your yearned for the reply
Real MAIL.

Today, e-mail is in fashion
No more putting pen to paper
Before the finger has ceased sending word,
It has already teached its target.
No more envelopes
The contents of your heart - exposed.

מְצִיאוּת מְדוּמָה

הַמְצָאַת הַמֵּאָה

מְצִיאוּת מְדוּמָה,

בְּרִיחָה הַשְׁלָיָה?

הַדִּמְיוֹן עוֹשֶׂה זֹאת

לְלֹא יֹמְרָה,

מַפְרִיחַ בִּכְדֵּי לְהַשְׁכִּיחַ,

אַחֲרֵי הֲפוּגָה מַחֲזִיר

לַמְצִיאוּת הֶחָיָה,

הַמְדוּמָה מַשְׁאִירָה

לְלֹא מוֹצָא,

הַמְצָאַת הַמֵּאָה

בִּמְחִילָה מִכְּבוֹדֵךְ

דְּעִי מְקוֹמֵךְ.

Virtual Reality

The century's discovery,
Virtual reality,
Escape and deception?
Created by imagination
With no pretension
Creates to erase,
Soon after, the return
To reality
The virtual leaves
With no outlet.
Discovery of the century,
Begging Your Honour's pardon,
Know your place

תַּפּוּז מְהֻנְדָּס

תַּפּוּז מְהֻנְדָּס תַּפּוּז מְסֹרָס,
בָּחוּץ יָפֶה, בִּפְנִים לְלֹא תֹּאַר
לְלֹא רֵיחַ וּלְלֹא טַעַם
לֹא כְּמוֹ פַּעַם, כְּשֶׁהַסַּכִּין
רַק נָגְעָה בַּקְּלִפָּה
רֵיחַ נִחוֹחַ הִתְפַּשֵּׁט,
הַקְּלִפָּה לֹא הָיְתָה דְבוּקָה
כְּמוֹ עֲלוּקָה,
מְהַסֶּסֶת לְגַלּוֹת עַל
מַה שֶּׁהִיא מְכַסָּה,
הַמִּיץ לֹא נִגָּר

הַטַּעַם תָּפֵל,
הַגַּרְעִינִים כֻּלָּם נֶעֶלְמוּ
אַף לֹא זֵכֶר לְגַרְעִין
שֶׁל אֵם הַתַּפּוּזִים
פְּרִי לְלֹא הָדָר.

An Engineered Orange

An orange, engineered, is a neutered
                    orange
Outside beautiful, inside graceless
Odourless, tasteless
Not like back then, when as the knife
Only grazed the peel
A delicious fragrance spread,
The peel then not clinging
                    like a leech.
Hesitating to reveal
What it conceals,
No juice flows,
                    taste insipid
Pips all vanished
Not a trace remains of
Orange, the mother,
Fruit without glory.

מֵנִפְלָאוֹת זְמַנֵּנוּ

Descendents

מַתָּן - הַבֵּן

גּוּפְךָ הַזָּעִיר
בִּזְרוֹעוֹתַי,
עֵינֶיךָ הַכְּחוּלוֹת
הָחוֹקְרוֹת קְרוֹבוֹת אֵלַי,
הָחִיוּכִים שֶׁאַתָּה נוֹתֵן
בִּנְדִיבוּת, שׁוֹבִים אֶת לִבִּי.
מַתָּן - מַתָּנָה.

Matan - Great grandson

Your tiny body
    in my arms,
Your searching blue eyes
    close to me,
The smiles you bestow
    so liberally, capture my heart.
Matan - a gift.

אֶלִינָה הַנִּינָה

לְבוּשָׁה גַּנְדְרָנוּת וְסַמְכוּת
עַל כֵּס הַמַּלְכוּת.
עֵינֶיהָ בְּתוֹךְ עוֹלַם הַצְּבָעִים
הַמּוּפְלָא
חוֹגֶגֶת בְּקוֹלוֹת הֲנָאָה,
הוֹפּ תַּקָּלָה, פָּנֶיהָ מַחֲמִיצָה
לְבֶכִי מוּכָנָה,
עוֹצֶרֶת לְרֶגַע וְקוֹל צְעָקָה
עַל נְתִינֶיהָ מוֹרִידָה,
לְתַקֵּן הַתַּקָּלָה.
מַלְכָּה.....

Elina - great grandchild

Lavishly dressed and
      empowered
Seated on her throne.
Eyes full of the wonderful world of
      colour
Celebrating with sounds of
      joy,
Oh my, her face sours,
      about to cry,
Pauses a moment and the
      sound of a scream
is unleashed on her subjects,
To remedy the failure.
      A queen.....

נִינִים

הוּלֶדֶת נֶכֶד נֶכְדָה
זוּ שִׂמְחָה נְחַמָה,
הוּלֶדֶת נִין נִינָה
זֶה חֶסֶד, זאֹת מַתָּנָה,
עַל זְכוּת זוֹ
בְּכָל מְאֹדִי תּוֹדָה.

Great Grandchildren

The birth of a grandchild

Is joy and consolation,

The birth of a great
    grandchild

Is a joy and a gift,

For all this I give heartfelt
    thanks.

צֶאֱצָאֵינוּ

לדבר ללא מלים	115		קרובים – רחוקים	**95**
עודד	117		היי לי אחות	97
אבן יקרה	119		אחותי הקטנה	99
יוגה	**121**		תלולית עפר	101
פזל מפורק	123		דמותך	103
מיתרים זרוקים	125		אמא ללא תקנה	105
להשיל	127		שעה מזמנך	107
אסיף	129		לבה	109
שלוה	133		שדות זרים	111
יוגה בת בריתי	135		כעני בפתח	113

תוכן

אור	53		צאצאינו	**9**
בלדה לתנור	55		נינים	11
צמד חמד	57		אלינה הנינה	13
בית	59		מתן הנין	15
עצים מתים זקופים	61		**מנפלאות זמננו**	**17**
הלכי רוח	**63**		תפוז מהונדס	19
שירים של פעם	65		מציאות מדומה	21
על בלימה	67		מכתב על גלגוליו	23
עיר מוכרת	69		פונדק	25
כמו צעירות	71		**ללא כותרת**	**27**
נשלחים ונשכחים	73		מלים חונקות	29
לחברתי צף	75		פרש	31
מסכות	77		מכורה	33
חורים שחורים	79		כבת שנה	35
עונג שבת	81		אבן	37
מנוי לגן עדן של טפשים			**שיני הזמן**	**39**
	83		בת שמונים	41
בקשה	85		הנאות החיים	43
תמנון	87		זכרונות	45
חיים	89		טיפת זמן קפואה	47
קן הרוס	91		העץ כמשל	49
תודה	93		להזדקן ביחד	51

מוקדש באהבה לנינה שלי אלינה ולנין שלי מתן.

לחברתי מרים מאיירס
תודות לשקדנותך ספר זה יצא לאור, תודה מעומק לבי.
חוה זמרון

הוצא לאור בשנת   2010

חוה זמרון, מורה ליוגה, משוררת, פסלת.

זהו ספר שיריה השני,

שירים שלה פורסמו באנטולוגיה של משוררים וסופרים בישראל,

ובכתבי עת.

מרים מאיירס, כימאית, בוגרת מדעי מחשבים,

ומתרגמת, פרופסור באוניברסיטה האמריקאית בלונדון.

בין ספריה

בהשתתפות אגנס קפוזי:

Systems, Models and Measures

Systems for All

A First Systems Book

ותרגום

יומן אליעזר מרדכי אלטשולר מסוולק

דפוס lulu.com

978-1-4457-1683-1

דברים שעוד לא אמרתי

חוה זמרון

שירים